# WALTER-SCOTT LYRIQUE.

## COLLECTION DE MORCEAUX DRAMATIQUES

(Airs, Duos, Nocturnes, etc., avec accompagnement de Piano)

SUR DES SUJETS TIRÉS DES PRINCIPAUX ROMANS DE WALTER-SCOTT.

### 2ᵉ SÉRIE DE 12 MORCEAUX.

# IVANHOÉ,

Paroles de BÉLANGER,

TRADUCTEUR DES MÉLODIES DE F. SCHUBERT, H. PROCH, BEETHOVEN, WEBER, ET DE L'ORATORIO (PAULUS) DE MENDELSSOHN ;

## Musique de J. CONCONE,

Maître de Chapelle honoraire de S. M. le Roi de Sardaigne,

Dessins de F. SORRIEU.

**(1ʳᵉ Série déjà publiée : KÉNILWORTH.)**

---

**PARIS**

S. RICHAULT, ÉDITEUR DE MUSIQUE,

Boulevart Poissonnière, 26, au 1ᵉʳ.

On y trouve la partition de l'Oratorio petit format, avec accompagnement de piano.

**1845.**

La 3ᵉ Série contiendra : **LA JOLIE FILLE DE PERTH.**

# WALTER-SCOTT LYRIQUE.

## IVANHOÉ.

*Chaque morceau de cette série se vend séparément.*

### Paroles de BÉLANGER, Musique de CONCONE.

---

**N° 1.**

*Air de Ténor.*

*Ivanhoé, banni par son père, et de retour de la Palestine, revient au château de ses aïeux, sous le costume de Pélerin.*

**IVANHOÉ.**

Sur la terre étrangère
Un arrêt trop sévère
Exila mon destin :
De Richard d'Angleterre
J'ai suivi la bannière
Au pays Sarrasin :
Mais cachant ma misère
Sous la robe sévère
D'un obscur pélerin,
En ce jour plus prospère,
Vieux manoir de mon père,
Je te revois enfin.

1845

La beauté que mon âme
A juré de servir,
Garde encore à ma flamme
Un discret souvenir :
Rowena, ton image
Rayonnait dans mon cœur ;
Je lui dois mon courage,
Comme aussi mon bonheur.

Longtemps banni de ta présence,
Je n'ai jamais trahi ma foi :
J'étais heureux de ma constance,
En bénissant ta douce loi.
Mon seul espoir, en ma souffrance,
Fut de penser toujours à toi.

L'amour et l'espérance
Font battre mon cœur :
Auprès de toi, d'avance,
Je crois au bonheur.

## N° 2.

## LA CHATELAINE.

*Air de soprano.*

*Lady Rowena, vivement émue aux discours du Pélerin, veut l'interroger en secret sur le sort d'Ivanhoé.*

LADY ROWENA.

En vain m'accable et me dévore
Un fidèle chagrin.
Mon pauvre cœur se berce encore
D'un espoir incertain.

J'ose pourtant rêver sans crainte
　　Un plus heureux destin.
J'ai confiance en la voix sainte
　　De ce bon pélerin.

Je l'ai fait appeler dans ce lieu solitaire,
Et Dieu seul, entre nous, restera pour témoin :
Ses paroles seront un baume salutaire
　　Dont mon cœur a besoin.

　　Il t'a vu, toi, ma vie !
　　Pour ce bien que j'envie,
　　Sans regrets, ton amie
　　Eût donné tous ses jours !
　　Quel plaisir de l'entendre,
　　S'il avait à me rendre
　　Un message bien tendre
　　De tes nobles amours !

Ivanhoé, seul maître de mon âme,
Je me souviens de nos derniers adieux.
On t'a banni, sans éteindre la flamme
Qui t'est fidèle en ce cœur généreux.
Je t'ai juré d'être à toi, que j'adore,
Et mon serment doit plaire à ma fierté :
Si ton malheur te rend plus cher encore,
Je mets ma gloire à ma fidélité.

## N° 3.

## LE PÉLERIN ET LA CHATELAINE.

Duo pour ténor et soprano.

*Ivanhoé, sous le costume de Pélerin, est introduit auprès de Lady Rowena et l'assure du prochain retour du héros qui lui est cher.*

### LADY ROWENA.

Vous daignez accéder à mon humble prière :
Soyez béni, bon Pélerin.

### IVANHOÉ.

Du pauvre Ivanhoé quand je plains la misère,
Puisse ma voix sincère
Calmer votre chagrin.

### LADY ROWENA.

D'un Chevalier plein de courage
Vous prononcez le nom chéri :
De ce palais, son héritage,
Vous ignorez qu'il est banni.
Pas un vassal qui se rappelle
De lui garder au moins sa foi !
Moi seule, ici, toujours fidèle,
Ivanhoé, je pense à toi !

### IVANHOÉ.

Le souvenir de noble Dame
Peut bien suffire à son bonheur :
Et si l'amour soutient son âme
Il est plus fort que sa douleur.

Jamais il n'eut qu'un vœu suprême,
C'était celui de vous revoir :
Et vous savez, mieux que lui-même,
Si d'être heureux il a l'espoir.

| LADY ROWENA. | IVANHOÉ. |
|---|---|
| Aux déserts de Syrie | Aux déserts de Syrie |
| S'il prodigue sa vie | S'il prodigue sa vie, |
| A la cause bénie | A la cause bénie |
| Dont lui seul est l'appui, | Il devait son appui. |
| Sur des jours que j'adore, | Sur des jours qu'on adore, |
| Le Seigneur, que j'implore, | Le Seigneur, que j'implore, |
| Doit veiller plus encore | Doit veiller plus encore |
| Et combattre pour lui. | Et combattre pour lui. |

LADY ROWENA.

Au tournoi qui s'apprête,
Que je voudrais, hélas, voir briller sa valeur !
D'un rival abhorré, qui peut être vainqueur,
Serais-je condamnée à subir la conquête ?
Ivanhoé, ma voix t'appelle au champ d'honneur !

IVANHOÉ.

Je le promets d'avance,
Il y sera, Madame, et j'en fais le serment !
Oui, banni par son père, et malgré sa défense,
Il y sera, Madame, et rien qu'à sa vaillance
Vous reconnaîtrez votre amant.

LADY ROWENA, IVANHOÉ.

Je m'abandonne à cette foi sincère
Qui me promet un plus heureux destin.
Dieu de bonté, fais grâce à ma prière,
Ne suis-je pas sous ta puissante main ?
Soyez béni, vous, ⎱
Je te bénis, toi, ⎰ dont la voix chérie
Donne courage au cœur du malheureux.
Si l'amour seul embellit notre vie,
Chagrin d'absence est un supplice affreux.

N° 4.

## COUPLETS DU TOURNOI.

*Lady Rowena, choisie pour la Reine du Tournoi, se dispose à couronner le vainqueur, dans lequel elle reconnaît Ivanhoé.*

Soprano.

**LADY ROWENA.**

En plaçant la couronne
Sur le front du vainqueur,
Cette main te la donne,
Roi chéri de mon cœur !
Quand la foule en délire,
Chante un nom glorieux,
C'est le tien que soupire
Mon regret généreux.

De fleurs et de lauriers ornez l'heureux vainqueur !
Son nom vous redira sa gloire et sa valeur ;
Plus fière est la Beauté qui sait toucher son cœur :
Chantez l'heureux vainqueur.

Le voilà qui s'incline
A genoux devant moi.
Dans sa grâce divine
Il trahit son émoi.
Une sombre visière
Me dérobe ses traits ;
Et pourtant, je préfère
Le héros que j'aimais !

De fleurs et de lauriers, etc.

Est-ce toi, Dieu suprême,
Qui me berces d'espoir ?
Ivanhoé lui-même,
Que je viens de revoir !
De vaillance et de gloire
La couronne est à lui :
Mais ce cœur, qu'il faut croire,
L'avait bien pressenti !

De fleurs et de lauriers ornez l'heureux vainqueur !
Son nom vous redira sa gloire et sa valeur.
Plus fière est la Beauté qui sait toucher son cœur :
Chantez l'heureux vainqueur !

## N° 5.

### LE CHEVALIER ET L'ERMITE.

#### Duo pour baryton et basse.

*Le roi Richard, sous le nom du Chevalier Noir, demande l'hospitalité à l'Ermite de Copmanhurst.*

L'ERMITE.

Qui frappe ainsi par cette nuit d'orage ?

LE CHEVALIER.

Ouvrez, de grâce, au pauvre voyageur.

L'ERMITE.

Ne trouble pas la paix de mon saint ermitage,
Et passe ton chemin : j'invoque le Seigneur.

LE CHEVALIER.

Mais, je suis égaré.

L'ERMITE.

Ce n'est pas mon affaire.

LE CHEVALIER.

Et le temps est affreux !

L'ERMITE.

Je le crains, serviteur !

LE CHEVALIER.

Impudent solitaire,
Ta méchante chaumière
Va tomber en poussière
Sous l'effort de mon bras,
Si tu ne m'ouvres pas.

L'ERMITE.

Par deux fois, mon bon frère
Interrompt ma prière,
Et m'apporte la guerre
Que ne redoute pas
La force de mon bras.

LE CHEVALIER.

Ouvre enfin, misérable, ou j'enfonce la porte.

L'ERMITE.

Entre donc, voyageur ou démon, peu m'importe!

| LE CHEVALIER. | L'ERMITE. |
|---|---|
| Quelle vaste encolure ! | Quelle fière tournure |
| Sous sa robe de bure | Fait briller son armure ! |
| Ce luron, je le jure, | Ce guerrier, je le jure, |
| Est des plus vigoureux. | Est des plus valeureux. |
| Je n'espère d'avance | Il ne laisse d'avance |
| Qu'une bien faible chance. | Qu'une bien faible chance : |
| Le combat doit, je pense, | Le combat doit, je pense, |
| Être rude à tous deux. | Être rude à tous deux. |
| La fatigue m'accable : | La fatigue l'accable, |
| Un asile passable | Il n'est pas si coupable : |
| Me paraît désirable | Je veux être bon diable |
| Et m'invite à la paix. | Et j'incline à la paix. |
| Un bon gîte est possible, | Ce guerrier si terrible, |
| Et ce moine irascible | Qui se croit tout possible, |
| Qui se croit invincible... | Qui se juge invincible.... |
| Nous verrons bien après ! | Nous verrons bien après ! |

L'ERMITE.

Je vous donne un asile;
Acceptez-le, comme il vous est offert.

LE CHEVALIER.

J'expire de besoin.

L'ERMITE.
Fort bien! soyez tranquille?
Ici, pour vous, le vivre et le couvert.
Un bon lit bien douillet, de paille et de fougère,
Du pain noir, des pois secs, d'un goût délicieux,
Et, pour les arroser, de l'eau pure et très claire,
Voilà ce que je puis vous présenter de mieux.

LE CHEVALIER.
Je vous fais compliment de ce régime austère
Dont les effets sur vous semblent miraculeux.
Mais, je vous l'avouerai, mon digne et saint compère,
Un souper moins frugal me flatterait bien mieux.

L'ERMITE.
Attendez.... mais vraiment, si je me le rappelle,
Mon bon ami, le garde forestier
M'offrit certain quartier de venaison nouvelle
Que vous pouvez goûter. — Le voici tout entier.

LE CHEVALIER.
Mais, dites-moi, mon frère,
L'honnête garde forestier,
Pour corriger cette eau si limpide et si claire,
A de quelque flacon muni votre cellier?

L'ERMITE.
Il m'a beaucoup vanté cette lourde bouteille!

LE CHEVALIER.
A table donc! c'est à merveille.

LE CHEVALIER ET L'ERMITE.
Au diable, contrainte
Et vaines façons!
Sans honte et sans crainte,
Buvons et chantons!
Un peu de folie,
Un peu de bon vin
Nous rendent la vie
Moins triste à la fin.

Le fade grimoire
Est bon pour les sots :
J'en perds la mémoire,
Buvant à grands flots !
L'Enfer en colère
Ne vaut que mépris :
Armé de mon verre
Je brave ses cris !
Le Diable en personne
N'est pas assez fin :
Je fais de sa corne
Un broc de bon vin !

## N° 6.
### LE TEMPLIER ET LA JUIVE.

Duo pour baryton et mezzo soprano.

*Rébecca, prisonnière dans le château de Réginald, repousse avec horreur l'amour de Brian de Bois-Guilbert.*

#### RÉBECCA.

Au sommet d'une tour je languis prisonnière :
Sous mes pieds est l'abîme... il me glace d'horreur !
Mais il me garde, au moins, un abri tutélaire
    Pour me sauver du déshonneur !
        Un bruit de pas résonne,
        Il s'approche de moi...
On entre !.. quel est donc cet homme ?... je frissonne
        D'un vague et sombre effroi !

#### BRIAN DE BOIS-GUILBERT.

Pourquoi trembler en ma présence ?
Ma captive est aussi la Reine de mon cœur :
    De ta beauté la céleste puissance
Ramène à tes genoux ton maître et ton vainqueur.

RÉBECCA.

Qu'ose-t-il bien me dire
Dans un sombre délire
Qui me trouble et m'inspire
Un étrange soupçon ?
Et c'est lui qui m'implore !
Il m'admire, il m'adore,
Quand moi-même j'ignore
Et son titre et son nom.

BRIAN DE BOIS-GUILBERT.

Dans un tendre délire
Je te parle et t'admire :
Ta beauté doit suffire
A payer ta rançon.
Et celui qui t'implore
A genoux t'offre encore
Et son cœur qui t'adore,
Et sa gloire, et son nom.

RÉBECCA.

Qui donc à Rébecca peut tenir ce langage ?

BRIAN DE BOIS-GUILBERT.

Un vaillant chevalier de noble et haut lignage.

RÉBECCA.

Il n'est rien de commun, rien, entre vous et moi.

BRIAN DE BOIS-GUILBERT.

Qu'importe à mon amour le hasard de ma foi !

 Je t'ai conquise avec ma lance,
 Tu m'appartiens, et sans retour :
 Malheur à toi, si la vengeance
 Doit succéder à mon amour !

RÉBECCA.

 Tu peux souiller d'un crime infâme
 La pureté du nom chrétien,
 Tu peux briser la faible femme
 Dont tu dois être le soutien :
 Mais, cette voix mourante et fière,
 En t'accusant d'impiété,
 Te maudira sur cette terre
 Et par de là l'Eternité !

**RÉBECCA.**

Oui, j'aurai le courage
De braver ton outrage :
Je méprise la rage
De tes lâches fureurs.
Sous mes pieds est l'abîme,
Ose donc, par un crime,
Y pousser ta victime !
Fais un pas... et je meurs !
Dieu, qui vois ma misère,
Je t'implore et j'espère,
J'abandonne la terre
Pure et digne de toi !
C'est mon Dieu qui m'appelle !
Je m'envole fidèle
A la gloire immortelle
Qu'il réserve à ma foi.

**BRIAN DE BOIS-GUILBERT.**

Oui, j'aurai le courage
De braver ton outrage :
Tu me plais davantage
Belle encor de tes pleurs !
Sous tes pieds est l'abîme,
Voudrais-tu, par un crime,
Y tomber, la victime
De tes vaines terreurs ?
Prends pitié de ton père !
Toi, sa fille si chère,
Pourrais-tu, sur la terre,
L'exiler loin de toi ?
C'est l'amour qui t'appelle,
Reste pure et si belle,
Sous l'égide fidèle
Que t'assure ma foi !

N° 7.

## ROMANCE DE RÉBECCA.

*Soprano.*

*Rébecca veille Ivanhoé blessé et captif avec elle dans le château de Reginald.*

**RÉBECCA.**

Longtemps brisé par la souffrance,
Il goûte enfin le doux sommeil :
Et moi, dans l'ombre et le silence,
Je veux attendre son réveil.

S'il faut, hélas! que sa paupière
Ne doive plus s'ouvrir jamais,
Que mon amour, tendre mystère,
Survive au moins dans mes regrets!
Dieu d'Israël, que ma prière
S'élève encor pour te fléchir :
Pardonne au crime involontaire
D'aimer celui que je dois fuir !

Objet sacré de ma tendresse,
Mon père aussi porte des fers,
Il doit, peut-être, à ma faiblesse,
Les maux affreux qu'il a soufferts.
Le Ciel punit l'enfant rebelle
Qui peut trahir la sainte Loi :
Le châtiment, toujours fidèle,
Ne doit pourtant frapper que moi!
Dieu d'Israël, etc.

Oui, pour jamais, fuis de mon âme
Rêve d'amour et de bonheur!
Il faut l'éteindre, chaste flamme,
Qui, sans espoir, brûle mon cœur.
De t'oublier l'effort suprême
N'est déjà plus en mon pouvoir :
Ivanhoé, c'est toi que j'aime,
A toi j'immole mon devoir.
Dieu d'Israël, que ma prière
S'élève encor pour te fléchir :
Pardonne au crime involontaire
D'aimer celui que je dois fuir !

## N° 8.
## LA CONDAMNATION.

*Scène et air de basse.*

*Lucas de Beaumanoir, grand-maître des Templiers, rassemble l'Ordre pour juger Rébecca.*

**LUCAS DE BEAUMANOIR.**

Illustres Chevaliers du saint Ordre du Temple,
Vous, du Seigneur les plus nobles Élus,
Vous, qui donniez le salutaire exemple
De toutes les vertus,
Avec douleur je vous contemple,
Et mon œil attristé ne vous reconnaît plus.

Aussi le Ciel, en sa colère,
Nous a frappés d'un coup sévère,
Et le malheur de notre frère
Doit nous glacer d'un juste effroi.
Le repentir en vain l'assiége ;
L'amour coupable et sacrilége
Pour le punir, l'entraîne au piége
De l'Ennemi de notre Foi.

Brian de Bois-Guilbert, notre orgueil, notre gloire !
Le plus grand parmi nous !
Ta chute gravera longtemps dans la mémoire
Le rude châtiment du Seigneur en courroux !

Dieu, toujours implacable,
Mais toujours équitable,
Pour un frère coupable
Je t'implore aujourd'hui.
De l'humaine sagesse
Tu connais la faiblesse ;
Et ta main vengeresse
Nous atteint comme lui !

Mais, il nous faut punir cette infâme Sorcière
Dont le charme perfide a troublé la raison
D'un Chevalier loyal et trop sincère.
La flamme du bûcher doit la rendre au Démon !

   Qu'elle périsse
   Dans la douleur !
   Que son supplice
   Nous fasse horreur !
   Qu'on la maudisse
   Avec terreur !
   Que sa poussière,
   Jouet des vents,
   Loin de la terre
   Et des vivants,
   Retombe entière
   Aux flots brûlants !

### N° 9.
## RÉSIGNATION ET CONFIANCE.

Scène et air pour mezzo soprano.

*Rébecca, condamnée, met sa confiance en Dieu, et attend son libérateur.*

     RÉBECCA.
  L'injuste arrêt va s'accomplir,
Et j'ai vu les rayons de ma suprême aurore !
  Pour me sauver dois-tu venir,
Ivanhoé, toi seul en qui j'espère encore ?
Mais, je cède, ô mon Dieu, si tu veux me punir !

   Pardonne à ma faiblesse
   Fatal et doux regret,
   Toi seul de ma tendresse
   Connais l'unique objet.

Celui que sur la terre
J'aimais, et sans espoir,
Au Ciel, ta loi sévère
Défend de le revoir.
Adieu, tout ce que j'aime,
Adieu, mon doux pays,
Beaux jours, bonheur suprême
Que je m'étais promis !
Et toi surtout, mon père,
Sans qui je vais mourir,
Douleur même sur terre
Ne peut nous réunir !

Mais j'ai du moins une ferme espérance
Qui relève et soutient mon cœur :
Dieu nous promet, en sa puissance,
Nous promet un Messie, ange consolateur !

Si l'esclavage
Et si l'outrage
Sont le partage
De tes enfants,
Jour d'espérance,
De délivrance,
Brille d'avance,
Toi, que j'attends !
Si ta colère
Brise en poussière
La gloire altière
Des Rois puissants,
Dieu, que j'adore
Et que j'implore,
Pardonne encore
A nos tyrans !

## N° 10.

## BRIAN DE BOIS-GUILBERT ET RÉBECCA.

Duo pour baryton et mezzo soprano.

*Brian de Bois-Guilbert, choisi pour Champion de l'Ordre des Templiers, propose à Rébecca de ne pas combattre et de la soustraire au supplice, si elle veut céder à son amour—Rébecca refuse—elle se résigne à la mort—et soudain apparaît Ivanhoé, son libérateur.*

### Brian de Bois-Guilbert.

Vois-tu les apprêts du supplice ?
La flamme du bûcher s'élève avec lenteur :
Juive, tu vas mourir, car, en vain, dans la lice
Je cherche encor ton défenseur.

### Rébecca.

Mon Dieu soutiendra mon courage,
En lui seul est ma foi :
Il est le défenseur du faible qu'on outrage,
Et je l'implore contre toi.

### Brian de Bois-Guilbert.

Altéré de vengeance,
Tout ce peuple, en silence,
S'en rapporte d'avance
Au jugement de Dieu ;
Et mon bras indomptable
S'est levé redoutable,
Pour frapper le coupable
Comme un glaive de feu.

RÉBECCA.

O céleste puissance !
Dans ma seule innocence
J'ai placé ma défense
Et mon plus ferme appui.
Si le Dieu de mes Pères
Exauçait mes prières,
Tes paroles si fières
Tomberaient devant lui.

BRIAN DE BOIS-GUILBERT.

Tu sais bien si je t'aime !
A ton heure suprême
Prends pitié de toi-même !
Dis un mot, tu vivras !
Je ne combattrai pas.

RÉBECCA.

Ton amour est un crime,
Dont rougit ta victime :
Que ta force m'opprime !
Ennemi de ma Foi,
Je ne veux rien de toi !

BRIAN DE BOIS-GUILBERT.

Le comprends-tu ? c'est ta mort qui s'apprête.

RÉBECCA.

C'est un beau jour de fête !

BRIAN DE BOIS GUILBERT.

Je laisserais ainsi dévorer ta beauté !

RÉBECCA.

Mais le bûcher pour moi touche à l'Eternité !

BRIAN DE BOIS-GUILBERT.

Espérance frivole !
Ecoute !.. le temps vole ! —
Veux-tu fuir avec moi ? — plus léger que le vent
Mon coursier, qui déjà frémit d'impatience,
A travers des flots de sang
Peut nous mettre à l'abri d'une juste vengeance ?

RÉBECCA.

Toujours le déshonneur !
Retire-toi, vil tentateur !

Vivre au sein des alarmes
A pour moi peu de charmes :
Si je verse des larmes,
Ce n'est pas sur mes jours.
Mais, je suis innocente ;
Et ma voix suppliante
D'une main triomphante
Cherche en vain le secours.

BRIAN DE BOIS-GUILBERT.

Sur l'éclat de ma vie
Que je lui sacrifie,
Un reflet d'infamie
Va peser sans retour !
Maudissez ma mémoire
Qui vivra dans l'histoire :
Le vain bruit de la gloire
Ne vaut pas son amour !

| RÉBECCA. | BRIAN DE BOIS-GUILBERT. |
|---|---|
| A travers la poussière | A travers la poussière |
| A flotté la bannière | J'entrevois la bannière |
| Qui toujours me fut chère ! | D'un guerrier téméraire |
| Sois béni, Dieu vengeur, | Qui me rend ma fureur. |
| Le voilà mon sauveur ! | Je veux être vainqueur ! |

## N° 11.
## LE JUGEMENT DE DIEU.

*Duo pour ténor et basse.*

*Ivanhoé, sur l'appel de Rébecca, se déclare son défenseur, et descend dans la lice pour combattre Brian de Bois-Guilbert.*

**IVANHOÉ.**
Suspendez, suspendez cet affreux sacrifice !
Le Ciel à l'innocence accorde un protecteur.

**BRIAN DE BOIS GUILBERT.**
Qui donc ose, avec moi, descendre dans la lice ?

**IVANHOÉ.**
Wilfrid d'Ivanhoé.

**BRIAN DE BOIS GUILBERT.**
J'estime ta valeur :
Mais il faut à la Juive un autre défenseur.
Sous le poids d'une armure
Ta récente blessure
Doit te rendre moins sûre
La vigueur de ton bras.
Un pareil adversaire
Ne vaut pas ma colère :
Va, crois-moi, téméraire,
Fuis le sort des combats.

**IVANHOÉ.**
Châtiant l'insolence,
J'ai, deux fois, sous ma lance,
Terrassé la vaillance
De ton bras redouté.
Craindrais-tu pour ta vie,
Quand ma voix te défie,
Proclamant l'infamie
De ton nom si vanté !

#### BRIAN DE BOIS GUILBERT.

J'avais droit d'espérer ma victoire plus belle :
Pourtant, je combattrai, puisque tu veux mourir.

#### IVANHOÉ.

Je n'attends rien de moi : c'est le Ciel qui m'appelle,
Et j'entends sa voix sainte, et je dois obéir.

*Ensemble.*

Dieu tout-puissant, ma dernière espérance,
Dans ta bonté jette un regard sur moi !
Si je combats, pour venger l'innocence,
Soutiens mon cœur et ma force et ma Foi !
Un seul moment donne-moi la victoire,
Que je la doive à ton divin secours :
Rends-moi vainqueur ! ce n'est pas pour ma gloire,
Je veux mourir, mais en sauvant ses jours !

#### BRIAN DE BOIS GUILBERT.

J'ai vu briser ma dernière espérance :
La foule attend, les yeux fixés sur moi ;
Si je rougis d'opprimer l'innocence,
Il faut venger mon honneur et ma Foi.
Un seul moment donne-moi la victoire,
Esprit du mal, prête-moi ton secours :
Fais-moi mourir, mais au sein de ma gloire,
Puisque je dois ne pas sauver ses jours.

Sonnez la guerre,
Bruyants clairons !
Prenons carrière !
Marchons ! marchons !
Combat terrible
Et sans merci !
Sois invincible
Ou meurs ici.

**Ensemble.**

Le Ciel } lui-même
L'Enfer }
Conduit mes coups!
Qu'un Dieu } suprême
Sa loi }
Juge entre nous!

## N° 12.

## LES ADIEUX.

*Duo pour soprano et mezzo soprano.*

*Rébecca, sauvée par Ivanhoé et prête à quitter l'Angleterre, vient remercier Lady Rowena, femme de son libérateur, et lui faire ses adieux.*

**LADY ROWENA.**

Etrangère, approchez! de moi que voulez-vous?

**RÉBECCA.**

Souffrez qu'avec respect j'embrasse vos genoux.

**LADY ROWENA.**

Que faites-vous?

**RÉBECCA.**

Ainsi, la timide innocence
Vous offre le tribut de sa reconnaissance
Qu'elle n'ose exprimer à votre illustre époux.

Voyez en moi l'infortunée
Dont il daigna sauver les jours :
J'étais maudite et condamnée,
Il vint, lui seul, à mon secours.

LADY ROWENA.

Bien faiblement il sut lui-même
Payer vos soins qu'il m'a vantés :
Blessé, mourant, celui que j'aime
A dû la vie à vos bontés.

RÉBECCA.

Mais, l'exposer, sa noble vie,
Pour une fille d'Israël,
Qui, sans famille, et sans patrie
N'a d'autre ami que dans le Ciel !

LADY ROWENA.

N'auriez-vous pas formé quelques vœux sur la terre ?
Ivanhoé saurait de Richard d'Angleterre
Intéresser pour vous le pouvoir protecteur.

RÉBECCA.

En Orient je vais suivre mon père :
Mais j'implore une grâce, et bien douce à mon cœur.

LADY ROWENA.

Parlez !

RÉBECCA.

Un seul moment levez ce voile austère.

LADY ROWENA.

Et de vous, en retour, j'attends même faveur.

(Lady Rowena et Rébecca lèvent leur voile).

| RÉBECCA. | LADY ROWENA. |
|---|---|
| Qu'elle est belle et touchante ! | Qu'elle est belle et touchante ! |
| Sa bonté caressante | Sa bonté caressante |
| De sa grâce imposante | De sa grâce imposante |
| Adoucit la fierté ! | Adoucit la fierté ! |
| De ces traits que j'envie | Son image bénie |
| Douce image bénie | Dans le cœur d'une amie |
| Restera pour la vie | Laissera pour la vie |
| Dans ce cœur agité ! | Un regret mérité. |

LADY ROWENA.

Pourquoi verser des larmes?

RÉBECCA.

Un souvenir cruel et plein de charmes
M'attache aux lieux qu'il faut quitter.

LADY ROWENA.

Vous êtes malheureuse?

RÉBECCA.

Ah! j'aurai du courage!
Mais de mon souvenir acceptez l'humble gage
Que, pour l'amour de moi, vous daignerez porter.

(Elle lui remet une cassette).

LADY ROWENA.

Reprenez, reprenez cette riche toilette!

RÉBECCA.

Oh! gardez-la, madame, et pour vous elle est faite!
Il n'est rien ici-bas qui doive me flatter.

RÉBECCA, LADY ROWENA.

Il faut partir : devoir sacré m'appelle :
Il faut partir, sans espoir de retour.
De mes regrets } le souvenir fidèle
De l'amitié
Me soutiendra } jusqu'à mon dernier jour.
Vous bénira
Que du Seigneur les regards tutélaires
Daignent veiller sur vous du haut des cieux.
Je vais mourir } au pays de mes } pères,
Vivez heureuse vos
Et pour jamais recevez mes adieux.

---

Imprimerie A. François et Cⁱᵉ, rue du Petit-Carreau, 82.

Imprimerie A. François et Comp., rue du Petit-Carreau, 32.

www.ingramcontent.com/pod-product-compliance
Lightning Source LLC
Chambersburg PA
CBHW060638050426
42451CB00012B/2653